AF465676

PROBLÈME SOCIAL

RÉSOLU

MATHÉMATIQUEMENT

PAR

Ch. Danré de Coyolles,

ANCIEN NOTAIRE, AVOCAT A LA COUR ROYALE DE PARIS, ET MEMBRE DE PLUSIEURS SOCIÉTÉS SAVANTES

La pesanteur de l'impôt est au monde moral ce que la pesanteur de la matière est au monde physique.

PARIS,

BACHELIER, IMPRIMEUR-LIBRAIRE

POUR LES SCIENCES,

QUAI DES AUGUSTINS, N° 55.

1840

IMPRIMERIE DE BACHELIER,
rue du Jardinet, 12.

PROBLÈME SOCIAL.

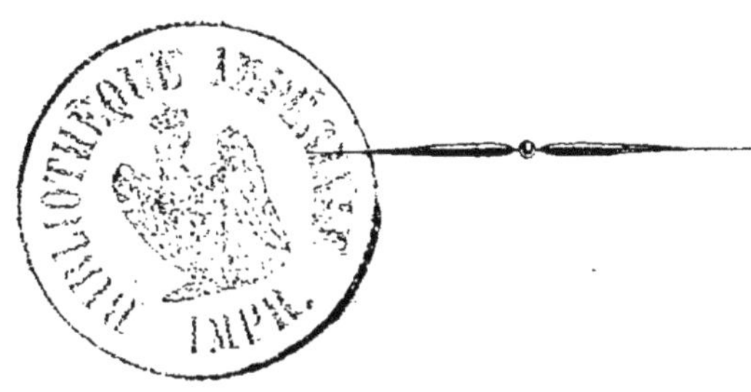

CHAPITRE Ier.

Théorie générale de l'impôt.

La contribution individuelle aux charges sociales doit-elle être, ou PROGRESSIVEMENT, *ou* RÉTROGRESSIVEMENT, *ou* INVARIABLEMENT *proportionnelle à la fortune individuelle?*

La solution de ce triple problème dépend de la démonstration du triple théorème suivant :

THÉORÈME Ier. — *De l'impôt progressif.*

L'impôt progressif est la loi de l'équilibre de la fortune et de la contribution, et en général, la loi du bien individuel et social.

Soit en effet, une échelle de progression d'un décime par cent francs, réduite à dix pour cent par cent degrés ou 10,000 francs de revenu :

Graduation	REVENUS imposables.	CONTRIBUTION. Taux.	Cotes.	REVENUS nets.	OBSERVATIONS.
0	0	0	0	0	Base.
100	10,000	10	1,000	9,000	
200	20,000	20	4,000	16,000	
300	30,000	30	9,000	21,000	
400	40,000	40	16,000	24,000	
500	50,000	50	25,000	25,000	Centre.
600	60,000	60	36,000	24,000	
700	70,000	70	49,000	21,000	
800	80,000	80	64,000	16,000	
900	90,000	90	81,000	9,000	
1,000	100,000	100	100,000	0	Sommet.

La simple inspection de cette échelle fait voir,

1°. Que le revenu net du degré central est un maximum qui n'est égal qu'à lui-même;

2°. Et que les revenus nets des degrés alternes à égales distances du centre sont égaux entre eux, et décroissent à partir du centre jusqu'aux degrés extrêmes de l'échelle dont chacun est un minimum.

Or, on voit encore, à la simple inspection de l'échelle,

D'une part, que le nombre de degrés de fortune est égal de chaque côté du centre;

Et d'autre part, que les cotes contributives sont représentées par une série de carrés d'unités de la force progressive, dont le premier terme est à la base, le terme moyen au centre, et le dernier terme au sommet de l'échelle de progression.

De plus, et puisque les revenus nets décroissent au-delà dans les mêmes proportions qu'en-deçà du centre, il est évident que la fortune ne s'étendrait réellement que depuis la base jusqu'au centre de l'échelle de progression, et par conséquent qu'il en serait de même de la contribution;

ce qui produirait nécessairement la gravitation réciproque des fortunes individuelles et des cotes contributives vers le centre de l'échelle de progression, c'est-à-dire vers un commun maximum.

Donc *l'impôt progressif contrebalance les fortunes individuelles et les cotes contributives, en raison directe de leurs masses, et inverse des carrés de leurs distances au centre de l'échelle de progression qui est leur commun maximum et le but de leur gravitation réciproque.*

Ce double équilibre a toujours lieu, quelque petite ou quelque grande que soit la force progressive. C'est ce dont il est facile de se convaincre, en dressant des échelles de différentes forces de progression.

L'impôt progressif, par les degrés infinis de petitesse et de grandeur dont il est susceptible, peut donc insensiblement conduire à la perfection de l'équilibre de la fortune et de la contribution.

Or, quelle est la perfection de l'équilibre de la fortune et de la contribution, sinon l'égalité, la liberté, la justice, le droit, l'équité, la morale, la religion, la raison, la vérité, l'ordre, la régularité, l'harmonie, la réciprocité, la concorde, la paix, l'union, la force, la sympathie, le rapprochement, l'attraction centrale, l'organisation naturelle, la consolidation, le mouvement, l'activité, le travail, l'industrie, la fécondité, la production, l'abondance, la circulation, l'échange, la consommation, l'économie, la reproduction, la richesse, la conservation, la vie, la civilisation, le progrès, le perfectionnement, et en général, la loi du bien individuel et social?

Donc *l'impôt progressif est la loi de l'équilibre de la fortune et de la contribution, et en général, la loi du bien individuel et social.*

THÉORÈME 2. — *De l'impôt rétrograde.*

L'impôt rétrograde est la loi de l'inéquilibre de la fortune et de la contribution, et en général, la loi du mal individuel et social.

Pour démontrer cette proposition, il suffit de comparer l'échelle de progression qui précède avec l'échelle de rétrogradation corrélative qui suit.

Graduation	REVENUS imposables.	CONTRIBUTION. Taux.	CONTRIBUTION. Cotes.	REVENUS nets.	OBSERVATIONS.
0	0	100	0	0	Base apparente.
100	10,000	90	9,000	1,000	
200	20,000	80	16,000	4,000	
300	30,000	70	21,000	9,000	
400	40,000	60	24,000	16,000	
500	50,000	50	25,000	25,000	Centre apparent.
600	60,000	40	24,000	36,000	
700	70,000	30	21,000	49,000	
800	80,000	20	16,000	64,000	
900	90,000	10	9,000	81,000	
1,000	100,000	0	0	100,000	Sommet apparent.

Car on voit dans ces deux échelles des effets diamétralement contraires, puisque la série réciproque qui, dans l'échelle de progression, représente les revenus nets, se trouve, dans l'échelle de rétrogradation, représenter les cotes contributives; et que la série de carrés qui, dans l'échelle de progression, représente les cotes contributives, se trouve, dans l'échelle de rétrogradation, représenter les revenus nets. Ainsi, l'impôt rétrograde accumule, d'un côté la contribution, et de l'autre la fortune.

Donc *l'impôt rétrograde est la loi de l'inéquilibre de la*

fortune et de la contribution, et en général, la loi du mal individuel et social.

THÉORÈME 3. — *De l'impôt invariable.*

L'impôt invariable est la loi de l'égalité du bien et du mal individuel et social.

Car il est évident que *la proportion invariable est le* médium *de la proportion progressive et de la proportion rétrograde.*

Donc enfin :

L'impôt progressif est la loi du bien,

L'impôt rétrograde la loi du mal,

Et l'impôt invariable la loi de l'égalité du bien et du mal individuel et social.

Telle est la solution mathématique du problème proposé.

Nous allons maintenant parler dans six autres chapitres,

De progressions transitoires ;

De la théorie de l'impôt consacrée par la Charte constitutionnelle des Français ;

De la matière imposable ;

Du moyen d'application pratique de la théorie de l'impôt progressif ;

Des objections élevées contre le principe et les conséquences de cette théorie ;

Et des prétendus moyens de frauder les progressions.

CHAPITRE II.

Progressions transitoires.

Dans les premiers temps de l'établissement de l'impôt progressif, il serait convenable de modifier les progressions, par le motif qu'une progression régulière, même d'une force modérée, telle que celle d'un décime par cent francs, que nous avons choisie pour la démonstration de notre premier théorème, réduirait brusquement les grandes fortunes, et serait par conséquent contraire à la loi de la nature qui n'agit que par degrés insensibles.

Quant aux modifications, elles peuvent varier à l'infini. Mais la meilleure, à notre avis, consisterait à diminuer la force progressive au-delà du centre, sauf à régulariser peu à peu cette force ultracentrale par un accroissement annuel. Ainsi, par exemple, dans l'hypothèse du choix de la progression d'un décime par cent francs, on pourrait réduire sa force ultracentrale à un millime, conformément à l'échelle suivante, réduite au 100e depuis la base jusqu'au centre et au 10,000[e] au-delà du centre :

Graduation	REVENUS imposables.	CONTRIBUTION Taux.	CONTRIBUTION Cotes.	REVENUS nets.	OBSERVATIONS.
0	0	0	0	0	Base.
100	10,000	10	1,000	9,000	
200	20,000	20	4,000	16,000	
300	30,000	30	9,000	21,000	
400	40,000	40	16,000	24,000	
500	50,000	50	25,000	25,000	Centre.
10,500	1,050,000	60	630,000	420,000	
20,500	2,050,000	70	1,435,000	615,000	
30,500	3,050,000	80	2,440,000	610,000	
40,500	4,050,000	90	3,645,000	405,000	
50,500	5,050,000	100	5,050,000	0	Sommet.

Puis, l'augmenter d'un ou de plusieurs millimes par année, à mesure que le sommet se rapprocherait du centre de l'échelle, et jusqu'à ce que cette force ultracentrale devînt égale à la force citracentrale.

Par ce moyen, ou autres analogues, les grandes fortunes se diviseraient autant par le renouvellement des générations que par la puissance des progressions.

Il est clair, au surplus, que la force des progressions, une fois devenue régulière, ne serait plus augmentée que d'une manière régulière, suivant l'état des fortunes individuelles et les besoins de la société.

CHAPITRE III.

Théorie de l'impôt consacrée par la Charte constitutionnelle des Français.

PROBLÈME.

Quel est l'esprit de l'article 2 de la Charte constitutionnelle des Français, portant : « Ils contribuent indis» tinctement, *dans la proportion de leur fortune*, aux » charges de l'État? » *Le taux proportionnel de l'imposition de la fortune doit-il être* PROGRESSIF? *doit-il être* RÉTROGRADE? *doit-il être* INVARIABLE?

Solution.

La Charte constitutionnelle des Français ne pouvant avoir pour principe et pour but que leur bien-être individuel et social, et non point l'exploitation d'une moitié de la société par l'autre, ou, à plus forte raison, de presque tous par quelques-uns,

L'impôt rétrograde est la Charte-mensonge,
L'impôt invariable la Charte-erreur,
Et l'impôt progressif la Charte-vérité.

CHAPITRE IV.

Matière imposable.

PRINCIPE ET DÉFINITION.

En principe constitutionnel comme en principe général, la seule matière imposable est LA FORTUNE, c'est-à-dire *les revenus produits par des capitaux, soit fonciers, soit mobiliers, indépendamment de tout travail et de toute industrie de la part des propriétaires.*

CONSÉQUENCES.

PREMIÈRE SÉRIE. — *Objets imposables.*

Sont constitutionnellement imposables,

1°. Les revenus fonciers.

Nous démontrerons, dans le chapitre VI, que le mode d'évaluation de ces revenus doit être un cadastre.

2°. Et les revenus mobiliers, c'est-à-dire les arrérages de rentes et les intérêts de créances, actions et placements quelconques, soit sur l'État, soit sur les particuliers, soit sur tous autres débiteurs, d'après les titres constitutifs, ou, dans certains cas qui seront prévus dans le chapitre VII, d'après la loi.

DEUXIÈME SÉRIE. — *Objets non imposables.*

Les capitaux, le travail, l'industrie et, en général, toutes les choses autres que des revenus, ne sont point imposables.

L'imposition des capitaux est une atteinte à la propriété, car c'est la privation des biens acquis.

L'imposition du travail et de l'industrie est une atteinte à la conservation, car c'est la privation des moyens d'acquérir.

TROISIÈME SÉRIE. — *Impôts inconstitutionnels.*

Enfin, quoique constitutionnels quant à la forme, sont inconstitutionnels quant au fond,

1°. La contribution personnelle, attendu qu'elle se perçoit sur le travail;

2°. La contribution mobilière, attendu que les meubles meublants, loin de produire des revenus, exigent, au contraire, des frais d'entretien et de renouvellement;

3°. L'impôt des portes et fenêtres, attendu, pour ce qui concerne les locataires, que cette qualité les oblige à payer un loyer qui est une charge ou le contraire de la fortune; et, pour ce qui concerne les propriétaires, qu'on ne doit point imposer une partie de la chose, après avoir imposé la chose entière;

4°. L'impôt des patentes, attendu qu'il se perçoit sur l'industrie;

5°. Les droits d'enregistrement, de timbre, de greffe et d'hypothèque, attendu que les actes ne sont point des revenus. La seule conséquence qu'on puisse en tirer, relativement à l'impôt, est celle-ci : *mutation de biens, mutation de cotes.*

6°. Les impôts indirects en général, attendu que la consommation est un besoin de la vie ou le contraire de la fortune;

7°. Et l'impôt universitaire, attendu que l'instruction publique, au lieu d'être une source d'impôts, devrait être une des charges de l'État.

Toutefois, l'abolition de tous ces impôts ne pourrait pas être immédiate et simultanée, mais seulement graduelle et successive. Ainsi, l'on pourrait commencer par abolir les contributions directes et les droits d'enregistrement, de timbre, de greffe et d'hypothèque, comme se rattachant particulièrement aux mutations de biens productifs de revenus imposables. Une progression modérée suffirait pour les remplacer.

A l'égard des impôts indirects, ils seraient supprimés à mesure que les bienfaits de l'impôt progressif le permettraient.

CHAPITRE V.

Moyen d'application pratique de la théorie de l'impôt progressif.

Pour imposer les revenus individuels, *en proportion progressive de leur étendue,* il faut, de toute nécessité, connaître ces revenus et leur mouvement. Quel est donc le moyen de connaître les revenus individuels et leur mouvement? C'est *une comptabilité communale fondée sur un cadastre et sur l'authenticité des actes de mutation des biens, soit fonciers, soit mobiliers, productifs des revenus imposables.*

Or, dans toute mutation, il y a transmission d'une part et acquisition de l'autre ; mais, comme nul ne peut transmettre sans avoir acquis, tout compte individuel inscrit aux livres d'une commune contiendrait, à gauche les acquisitions ou les revenus actifs, et à droite les transmissions ou les revenus passifs du titulaire.

Pour simplifier la liquidation des cotes, le mouvement de la contribution suivrait le mouvement des fortunes d'année en année seulement, à compter du 1er janvier ; de sorte que l'état des fortunes au 1er janvier de chaque année servirait de base à la liquidation de la même année, et que les mutations de l'année courante ne changeraient l'impôt que pour l'année suivante.

Les livres communaux et les comptes individuels s'arrêteraient donc à la date du 31 décembre de chaque année inclusivement, et se vérifieraient au moyen d'une balance dont les résultats devraient être égaux à ceux du cadastre de la commune, pour les revenus fonciers, et à ceux d'une matrice mobilière, pour les revenus mobiliers.

A l'égard de l'impôt, il ne frapperait que l'excédant des revenus actifs sur les revenus passifs de chaque titulaire. Ainsi, dans l'hypothèse de la progression d'un décime par cent francs, le titulaire qui posséderait 20,000 f. de revenus actifs, mais qui devrait 10,000 fr. de revenus passifs, ne paierait que 1,000 fr. au lieu de 4,000.

En tous cas, et quelque considérable que fût la fortune d'un titulaire, sa contribution ne pourrait surpasser l'excédant de ses revenus actifs sur ses revenus passifs, attendu, nous le répétons, que les capitaux ne sont point imposables.

QUESTION.

La liquidation des cotes conjugales s'opérerait-elle de la même manière que celle des cotes purement individuelles?

Solution.

Non; car les revenus des époux, sous quelque régime qu'ils soient mariés, étant toujours destinés aux charges du mariage, on les inscrirait sous un seul et même compte ouvert à leurs noms réunis; mais, pour la liquidation de l'impôt, on diviserait la somme de ces revenus en deux portions égales.

Ce mode de liquidation pourrait réduire l'impôt du double au simple, suivant le plus ou le moins de différence des revenus respectifs des deux époux. Il favoriserait donc le mariage et épurerait les mœurs, en réprimant le célibat. On se marierait à fortunes inégales; des riches épouseraient des pauvres. En outre, il diminuerait le nombre des comptes individuels et simplifierait l'administration et le recouvrement de l'impôt.

Ajoutons que, si l'on voulait réduire toutes les lois sur l'association conjugale à cette règle unique et naturelle :

entre époux tout est commun, il suffirait de statuer qu'à l'avenir ce mode de liquidation ne s'appliquerait qu'aux époux communs en biens.

AUTRE QUESTION.

Les revenus de biens de mineurs, dont le père ou la mère auraient la jouissance légale, seraient-ils imposés aux noms des mineurs, ou au nom de l'usufruitier?

Solution.

Ils seraient imposés aux noms des mineurs, à cause des charges de la jouissance légale; mais l'impôt, comme faisant partie de ces charges, serait supporté par l'usufruitier.

CHAPITRE VI.

Réfutation des objections élevées contre le principe et les conséquences de la théorie de l'impôt progressif.

PREMIÈRE OBJECTION.

SUR LA THÉORIE CONSTITUTIONNELLE DE L'IMPOT.

« D'après l'article 2 de la Charte, l'impôt ne doit être » ni *progressif* ni *rétrograde*. A défaut d'explication for- » melle de la part du législateur sur la nature et l'éten- » due de la proportion contributive, on doit *supposer* » qu'il a voulu que cette proportion fût *invariable*.

» A l'égard des impositions indirectes, elles sont cons- » titutionnelles, puisqu'elles sont autorisées par l'art. 41 » de la Charte ainsi conçu : » « L'impôt foncier n'est » consenti que pour un an. *Les impositions indirectes* » peuvent l'être pour plusieurs années. »

Réfutation.

La première partie de l'objection est *un paralogisme*, car *supposer* n'est pas *prouver*.

Quant à la seconde, c'est *un double sophisme par insinuation*. En effet, l'article 41 de la Charte étant placé dans sa partie intitulée *Forme du Gouvernement du Roi*, ne peut déroger, ni *en droit*, ni *en fait*, à son article 2, qui est placé dans sa partie intitulée *Droit public des Français*. Or, *en droit*, l'impôt indirect est le renversement manifeste du principe établi dans l'article 2 de la Charte, puisqu'il repose sur *les besoins de la vie* ou *le contraire de la fortune*. De plus, et *en fait*, l'impôt indirect est nécessairement *rétrograde*; car il est certain qu'en France, comme en bien d'autres pays, quelques-uns peuvent vivre et vivent en effet somptueusement, avec la moitié, le tiers, le quart, le dixième, et même de moindres portions de leurs revenus, tandis que les masses vivent à grand'peine de tous les produits de leur travail et de leur industrie. Or, d'un côté, si les revenus sont évalués, à raison de quatre pour cent, terme moyen, au vingt-cinquième des capitaux qui les produisent; et de l'autre, si les produits du travail et de l'industrie sont, par concession, considérés comme des capitaux, et non point seulement comme des moyens d'en acquérir, il s'ensuit que la valeur des revenus est à celle des produits du travail et de l'industrie comme 1 est à 25, et par conséquent, *que le taux proportionnel des impositions indirectes varie, en rétrogradant sur l'échelle des fortunes, dans un rapport plus grand que 250 à l'unité.*

Scolie. — *Sur la pesanteur de l'impôt indirect.*

L'impôt rétrograde-indirect est plus lourd pour les masses que ne le serait l'impôt rétrograde-direct, en supposant qu'il fût praticable.

En effet, la simple inspection d'une échelle de rétrogradation directe fait voir que ceux qui n'auraient point de revenus ne paieraient point d'impôts, puisque *sur zéro cent pour cent égale zéro;* tandis que, tout le poids de l'impôt indirect portant sur les besoins de la vie ou le contraire de la fortune, il est évident que, dans le cas d'absence totale ou d'insuffisance de revenus, il enlève les capitaux ou les fruits du travail et de l'industrie, c'est-à-dire, comme on vient de le voir, des valeurs vingt-cinq fois au moins plus grandes que les revenus imposables.

Donc, *en fait* et *contre le droit*, l'impôt indirect transforme l'article 2 de la Charte en celui-ci : *Les Français contribuent aux charges de l'État, non-seulement* EN PROPORTION RÉTROGRADE DE LEUR FORTUNE, *mais encore* EN PROPORTION PROGRESSIVE DE LEUR MISÈRE.

COROLLAIRES. — *Sur la démoralisation sociale.*

L'impôt rétrograde-indirect étant la loi de l'accumulation de la fortune vers le sommet de l'échelle sociale, produit nécessairement, parmi les classes supérieures, l'opulence illimitée, et par suite, l'excès d'ambition, l'insatiabilité, l'intrigue, l'usurpation, l'abus de pouvoir, l'exaction, la concussion, la trahison et tous les crimes publics.

D'autre part, l'impôt rétrograde-indirect étant aussi la loi de l'accumulation de la contribution vers la base de la même échelle, produit encore de toute nécessité, parmi les classes inférieures, la misère indéfinie, et par suite, le découragement, le désespoir, le vagabondage, la mendicité, la prostitution, le faux, le vol, l'assassinat et tous les crimes particuliers.

L'impôt rétrograde-indirect est donc la cause première de tous les crimes, et par suite, de l'institution de la police, de la force armée, des tribunaux, des peines et des supplices.

Ainsi, l'iniquité des lois financières provoque la barbarie des lois criminelles et aggrave le poids des charges sociales.

DEUXIÈME OBJECTION.

SUR LA DIVISION DU SOL.

« Sur une étendue de 52 millions d'hectares environ,
» le sol de la France est déjà divisé, d'après le cadastre,
» en plus de 125 millions de parcelles de propriétés. Mais
» ce morcellement et tous les dommages qu'il cause à l'a-
» griculture, au commerce et à l'industrie, ne seraient
» rien en comparaison de ceux que produirait l'impôt
» progressif. »

Réfutation.

Le fractionnement actuel du sol prouve ce que la science mathématique démontre, c'est-à-dire que *l'impôt rétrograde est une loi de répulsion centrale et de dissolution;* car si le nombre des familles qui composent la population de la France s'élève, d'après les statistiques, à 5 millions au maximum, le nombre de parcelles de propriétés se trouve être au minimum de 25 par famille, si chaque famille est propriétaire, et de 50, si moitié ne l'est point.

L'impôt progressif, au contraire, *étant une loi d'attraction centrale et de consolidation,* réunirait et consoliderait les parcelles des établissements agricoles, manufacturiers et commerciaux.

De plus, *l'impôt progressif, étant la loi de l'équilibre des fortunes,* équilibrerait ces établissements entre eux et avec le nombre des familles composant le corps social.

TROISIÈME OBJECTION.

SUR LE CRÉDIT.

« L'impôt progressif, en frappant les arrérages de rentes » et les intérêts de créances, actions et placements quel- » conques, soit sur l'État, soit sur les particuliers, soit sur » tous autres débiteurs, détruirait toute espèce de crédit. »

Réfutation.

L'impôt progressif, étant une loi de circulation parfaitement analogue à celle de la nature, ferait circuler le numéraire dans le sein du corps social, de la même manière que la sève circule dans les plantes, le sang dans les corps animés, et les mondes dans l'espace. Ainsi, sous l'impôt progressif, l'État et les particuliers obtiendraient tout naturellement, *à titre de propriété pleine et entière,* ce que, sous l'impôt rétrograde, ils obtiennent à peine, *par les voies ruineuses de l'emprunt et de l'escompte.*

COROLLAIRES.

PREMIÈRE SÉRIE. — *Sur l'équilibre des fortunes.*

L'impôt progressif, par cela seul qu'il est la loi de l'équilibre des fortunes, est la loi de la possession à titre de propriété pleine et entière ; la loi de l'égale répartition des biens entre toutes les familles composant le corps social ; la loi de l'égalisation des établissements agricoles, manufacturiers et commerciaux ; la loi de l'exploitation de ces établissements par les familles propriétaires ; la loi de l'égale répartition du travail, et la loi de l'équilibre entre toutes les branches de l'industrie.

DEUXIÈME SÉRIE. — *Sur la possession des biens.*

De ce que *l'impôt progressif est la loi de la possession des biens à titre de propriété pleine et entière,* il résulte, par argument contraire, que *les différentes manières de posséder à titre imparfait ou précaire,* telles que la nue-propriété, l'usufruit, l'usage, l'habitation, les substitutions, les majorats, les apanages, le régime dotal, le louage, l'emprunt, les contrats aléatoires, et par suite, les loyers, les fermages, les dettes, les cautionnements, les nantissements, les priviléges, les hypothèques, les déconfitures, les faillites, les banqueroutes, les cessions de biens, les procès, les recours, les condamnations, les poursuites, les saisies mobilières, les expropriations forcées, les contraintes par corps, les emprisonnements, *et en général tous les maux qui précèdent, accompagnent ou suivent la possession à titre imparfait ou précaire, sont, comme cette possession elle-même, des effets de l'impôt rétrograde.*

TROISIÈME SÉRIE. — *Sur l'économie législative.*

L'impôt rétrograde est donc une cause de complication, et l'impôt progressif une cause de simplification des lois. D'ailleurs, si l'impôt progressif est la loi naturelle, l'impôt rétrograde est la loi contraire. La suppression de l'un et l'établissement de l'autre purgeraient donc la législation de toutes les institutions factices qui l'encombrent, et la réduiraient, en théorie et en pratique, à son expression la plus simple.

QUATRIÈME SÉRIE. — *Sur les mutations de propriété.*

La suppression de l'impôt rétrograde et l'établissement de l'impôt progressif réduiraient donc un jour les formalités des mutations entre vifs et par décès à de simples transports à faire aux noms des titulaires sur les livres de l'administration publique, sans aucune sorte de frais.

CINQUIÈME SÉRIE. — *Sur la procédure civile.*

La suppression de l'impôt rétrograde et l'établissement de l'impôt progressif préviendraient aussi les procès civils; car les procès civils ont pour causes, ou des complications de droits, ou des complications de formes, ou les deux à la fois.

SIXIÈME SÉRIE. — *Sur la législation criminelle.*

L'impôt rétrograde étant la loi de démoralisation, et l'impôt progressif la loi de moralisation sociale, la suppression de l'un et l'établissement de l'autre préviendraient encore les délits et les crimes, et par suite, les procès criminels et toutes leurs conséquences.

SEPTIÈME SÉRIE. — *Sur l'emprunt et l'amortissement.*

Si l'impôt rétrograde est une loi d'engagement, l'impôt progressif est une loi de libération. La suppression de l'un et l'établissement de l'autre permettraient donc à l'État, aux particuliers et à tous autres débiteurs, non-seulement de ne plus contracter de nouvelles dettes, mais de rembourser les anciennes.

Ainsi, la contribution mobilière ne serait que transitoire, et disparaîtrait à mesure de l'extinction de sa cause.

HUITIÈME SÉRIE. — *Sur la matière imposable.*

Si la suppression de l'impôt rétrograde et l'établissement de l'impôt progressif sont les lois de l'équilibre des établissements agricoles, manufacturiers et commerciaux, et de l'exploitation de ces établissements par les familles propriétaires, ils sont, par cela même, les lois de l'immobilisation des objets mobiliers affectés à cette exploitation, et de la confusion légale de l'imposition des revenus de ces objets mobiliers avec celle des revenus fonciers.

La suppression de l'impôt rétrograde et l'établissement de l'impôt progressif réduiraient donc la matière imposable aux revenus fonciers, et par conséquent à l'unité de principe.

NEUVIÈME SÉRIE. — *Sur les opérations cadastrales.*

Si la suppression de l'impôt rétrograde et l'établissement de l'impôt progressif sont les lois de l'exploitation des biens fonciers par les familles propriétaires, la fixation des revenus fonciers ne pourrait être déterminée que par un cadastre. Or, les opérations cadastrales seraient aussi réduites à leur plus simple expression, en ce que la suppression de l'impôt rétrograde et l'établissement de l'impôt progressif sont aussi les lois de la consolidation et de l'équilibre des établissements agricoles, manufacturiers et commerciaux.

DIXIÈME SÉRIE. — *Sur la liquidation de l'impôt.*

La suppression de l'impôt rétrograde et l'établissement de l'impôt progressif simplifieraient pareillement la liquidation des cotes contributives, en ce que tous les calculs seraient faits à l'avance par les échelles de progression.

ONZIÈME SÉRIE. — *Sur le recouvrement de l'impôt.*

Enfin, il est évident que le recouvrement de l'impôt est d'autant plus facile, d'autant plus économique, d'autant plus certain et d'autant plus prompt, que son principe, son assiette et sa répartition sont plus justes, et que les contribuables ont plus de moyens de le payer.

QUATRIÈME OBJECTION.

SUR LE SORT DE CERTAINES PROFESSIONS.

« Si l'impôt progressif entraîne l'abolition des impo-
» sitions indirectes, que deviendront les employés de
» leur administration ?

» Si l'impôt progressif est la loi de la circulation na-
» turelle des capitaux, que deviendront les banquiers ?

» Si l'impôt progressif conduit au remboursement de
» la dette publique et des dettes particulières, que de-
» viendront les capitalistes et les agents de change ?

» Si l'impôt progressif réduit les formalités des mu-
» tations de biens à de simples transports à faire aux
» noms des titulaires sur les livres de l'administration pu-
» blique, que deviendront les notaires ?

» Si l'impôt progressif prévient les délits, les crimes
» et les procès, que deviendra la police ? que deviendra
» la force armée ? que deviendra la magistrature ? que
» deviendront tous les gens de justice ?

» Enfin si l'impôt progressif détruit un grand nom-
» bre de professions, que deviendront ceux qui les exer-
» cent ? »

Réponse.

1°. Nous avons déjà dit, à la fin du chapitre IV, que les impositions indirectes seraient abolies, non pas immédiatement, mais à mesure que les bienfaits de l'impôt progressif le permettraient. Ainsi, les employés de leur administration conserveraient leurs places, ou seraient replacés, soit dans l'administration de l'impôt progressif, soit dans toute autre branche des services publics. L'État ne profiterait donc de leurs traitements que par voie d'extinction à peu près semblable à celle des rentes viagères.

2°. Il en serait de même de la police, de la force armée et de la magistrature; car l'impôt progressif ne transformerait pas le mal en bien d'une manière magique. Dans ces trois cas, comme dans le précédent, il s'agirait donc, non point de congédier, mais de ne plus admettre.

3°. Les capitalistes et les banquiers achèteraient les biens-fonds que l'État et les particuliers auraient à vendre; pour les louer à d'autres ou les exploiter eux-mêmes.

4°. Les offices transmissibles seraient rachetés, quand les bienfaits de l'impôt progressif le permettraient, en rentes négociables et remboursables sur l'État; et, en cas de négociation ou de remboursement de ces rentes, les titulaires achèteraient des biens-fonds, pour les louer ou les exploiter, de même que les capitalistes et les banquiers.

5°. L'établissement de l'impôt progressif et la suppression de l'impôt rétrograde feraient naître plus de professions utiles qu'ils n'en détruiraient de nuisibles.

6°. Enfin, il est toujours mathématiquement certain que la suppression de l'impôt rétrograde et l'établissement de l'impôt progressif assureraient le bien-être de toutes les familles, en ramenant, de toute nécessité, la fortune, le travail et l'industrie vers l'état d'équilibre.

CINQUIÈME OBJECTION.

SUR L'ÉQUILIBRE DES FORTUNES.

« L'équilibre des fortunes produirait l'égalité du mal » plutôt que l'égalité du bien.

» En effet, si la masse des revenus imposables de la » France entière est de 4 milliards au capital de 100 » milliards au plus, et le nombre des familles qui com» posent sa population de quatre millions au moins, la » fortune moyenne de chaque famille s'élèverait au

» maximum à 25,000 fr. de capital, productible d'un re-
» venu de 1,000 fr., impôt compris, et de 500 fr., im-
» pôt déduit.

» Or, comme il est évident qu'une fortune si médiocre
» ne pourrait suffire aux besoins de chaque famille, il
» n'est pas moins évident que chaque famille serait éga-
» lement malheureuse. »

Réfutation.

1°. Personne n'ignore que plus le partage des biens s'éloigne de l'égalité, plus leur valeur est petite; et que plus il s'en rapproche, plus leur valeur est grande; ou, en d'autres termes, que la valeur des biens, et par conséquent la masse des revenus imposables, est en raison inverse de la force de rétrogradation, et en raison directe de la force de progression contributive.

La suppression de l'impôt rétrograde et l'établissement de l'impôt progressif augmenteraient donc la valeur des biens et la masse des revenus imposables, sous un double rapport.

2°. Par argument contraire, l'établissement de l'impôt progressif et la suppression de l'impôt rétrograde diminueraient aussi, sous un double rapport, les charges actuelles de l'État.

De plus, ils réuniraient graduellement à son domaine disponible une masse considérable de biens aujourd'hui concédés à divers titres, ou affectés à des services accidentels, et lui permettraient de rembourser sa dette.

3°. Par suite de ces changements, l'emploi de l'impôt changerait aussi de destination. D'improductif, et souvent même de destructif qu'il est, il deviendrait productif. Un jour on n'aurait plus de bagnes, de prisons, de dépôts de mendicité, d'hospices, d'hôpitaux, de couvents, de casernes, de tribunaux; mais on aurait des ports, des canaux, des rivières navigables, des ponts, des routes, des chemins de fer, des écoles, des ateliers, des monuments publics.

Ainsi l'impôt, aujourd'hui ruineux pour les contribuables, refluerait continuellement vers sa source, et accroîtrait sans cesse la masse de la richesse individuelle et sociale.

4°. Par tous ces motifs, la fortune moyenne de chaque famille serait bientôt décuplée. Mais, au surplus, quelle que fût cette fortune moyenne, par cela seul qu'elle serait égale pour chaque famille, il faudrait que le prix des choses nécessaires, utiles ou agréables à la vie se mît en rapport exact avec elle; autrement, l'impôt progressif ne serait plus une loi d'équilibre.

5°. Enfin, la fortune moyenne de chaque famille, quoique paraissant limitée, serait réellement illimitée.

Car s'il est vrai que les progressions sont bornées, en ce qu'elles agissent dans un rayon déterminé par leur propre force, il n'est pas moins vrai que leur action est circulatoire et perpétuelle, et par conséquent sans bornes.

Donc, sous tous les rapports, *chaque famille serait infiniment riche et infiniment heureuse*.

SCOLIE. — *Sur le même sujet.*

Nous ferons voir, du reste, à la fin de ce travail, que la question de l'équilibre des fortunes doit être envisagée sous un aspect plus vaste que celui présenté par l'objection précédente.

CHAPITRE VII.

Réfutation des prétendus moyens de frauder les progressions.

PREMIER MOYEN DE FRAUDE.

SIMULATION DE PROPRIÉTÉ.

« Les riches ne conserveraient sous leurs propres » noms qu'une faible partie de leurs biens, et mettraient » le reste sous des noms empruntés.

» Ce moyen de fraude serait d'autant plus facile, que, » suivant l'auteur de la Théorie progressive, les muta- » tations de biens seraient affranchies des droits d'enre- » gistrement, de timbre, d'hypothèque et autres.

» Ainsi, dans l'hypothèse de la progression d'un dé- » cime par 100 fr., et malgré sa modification ultracen- » trale, les riches choisiraient au besoin dix, vingt, » trente, quarante, cinquante et même jusqu'à cent » prête-noms et plus. »

Réfutation.

1°. Quels seraient les prête-noms des riches?

Seraient-ce des individus possédant déjà quelques biens et pouvant en acquérir de nouveaux? Le moindre inconvénient de la simulation serait, dans ce cas, de payer deux surtaxes : l'une sur les biens des prête-noms, et l'autre sur les biens engagés.

Seraient-ce des gens endettés? Leurs créanciers agiraient.

Seraient-ce des individus n'ayant ni biens ni dettes? Leur position pourrait changer.

2°. La division des fortunes, par voie de simulation de

propriété, comme par toute autre voie, précipiterait la marche des progressions, en sorte que l'on n'échapperait à leur action que momentanément et pour y être bientôt soumis avec une force plus grande. Un jour les prête-noms ne suffiraient plus, il faudrait des sous-prête-noms et des arrière-prête-noms.

3°. Enfin la simulation de propriété serait le moyen le plus infaillible de perdre l'intégralité d'un capital, pour tenter de conserver une partie souvent très faible du revenu.

DEUXIÈME MOYEN DE FRAUDE.

SIMULATION DE DETTES.

« A défaut de simulation de propriété, les riches » auraient recours à la simulation de dettes. »

Réfutation.

La simulation de dettes ne produirait pas seulement des effets analogues à ceux de la simulation de propriété, elle exposerait de plus à l'expropriation forcée.

TROISIÈME MOYEN DE FRAUDE.

DISSÉMINATION DE BIENS.

« Les grands propriétaires dissémineraient leurs pro- » priétés sur une grande étendue de territoire. »

Réfutation.

Tous les inconvénients de vente et de rachat qu'une telle opération suppose ne seraient compensés par aucun avantage; car on diviserait la matrice cadastrale de chaque commune, ou plutôt sa balance de vérification annuelle, en deux parties comprenant, l'une les propriétaires internes, et l'autre les propriétaires externes; puis, on formerait aussi dans chaque commune, une matrice externe, au moyen de simples certificats de revenu foncier envoyés des communes de la situation des propriétés aux communes du domicile réel des propriétaires, et de contre-certificats d'inscription à la matrice externe renvoyés des communes du domicile réel des propriétaires aux communes de la situation des propriétés.

Par ce moyen, les progressions n'empêcheraient pas seulement la dissémination des propriétés, mais elles rapprocheraient les propriétés des propriétaires, ou les propriétaires des propriétés.

COROLLAIRE. — *Sur les matrices externes.*

La réunion des revenus individuels dans les communes du domicile réel des titulaires réduirait le nombre des cotes contributives au nombre des titulaires des revenus, moins le nombre de ceux de ces titulaires dont les revenus passifs égaleraient ou surpasseraient les revenus actifs. Ainsi, sous ce rapport, l'impôt progressif simplifierait encore l'administration et le recouvrement de l'impôt.

On sent, du reste, que les matrices externes ne seraient que transitoires, et qu'elles disparaîtraient à mesure du rapprochement des fortunes.

QUATRIÈME MOYEN DE FRAUDE.

DÉGUISEMENT DES PRETS.

« Les prêteurs se contenteraient d'actes sous signatures » privées, ou bien, au lieu de prêter à titre de rente » perpétuelle ou à long terme, ils ne prêteraient que » pour un temps très court, et ajouteraient l'intérêt au » capital. »

Réfutation.

En premier lieu, les prêteurs par actes sous signatures privées n'obtiendraient aucune garantie, et la loi leur refuserait toute action contre les emprunteurs; car la loi ne doit protection que pour obéissance. De leur côté, les emprunteurs propriétaires et disposés à payer repousseraient cette forme d'engagement; car elle les priverait d'un très grand avantage, celui de la défalcation de leurs revenus passifs sur leurs revenus actifs, pour la liquidation de leurs cotes distributives.

En second lieu, si, dans des actes publics, il n'y avait point de stipulation d'intérêts, ou si les intérêts stipulés étaient inférieurs au taux légal, on dirait aux prêteurs: De ce que la loi constitutionnelle veut que chacun contribue aux charges de l'État, en proportion de ses revenus, il suit que l'État a sa part dans tous les revenus individuels; or, il vous est bien permis de renoncer à votre part personnelle, mais vous ne pouvez priver l'État de la sienne. Vous paierez donc un impôt sur l'intérêt légal des sommes exprimées dans vos titres, sans pouvoir, à raison de cet impôt, exercer aucune action contre vos emprunteurs. Loin donc d'être nulle ou moindre, la taxe augmenterait à l'égard des prêteurs; et quant aux emprunteurs, à moins qu'ils ne fussent dénués de biens et de tout espoir d'en acquérir, ils se priveraient encore, dans ce deuxième cas, de l'avantage de la défalcation de leurs revenus passifs sur leurs revenus actifs, pour la liquidation de leurs cotes contributives.

Au surplus, nous avons déjà démontré que la suppression de l'impôt rétrograde et l'établissement de l'impôt progressif permettraient, non-seulement de ne plus emprunter, mais de se libérer.

CINQUIÈME MOYEN DE FRAUDE.

EXPORTATION DE NUMÉRAIRE.

« Enfin, pour échapper aux progressions, les riches » vendraient leurs biens au comptant dans leur propre » pays, et en rachèteraient d'autres en pays étrangers. »

Réfutation.

Les riches ne pourraient vendre une grande masse de biens au comptant, dans leur propre pays, qu'à des prix très bas; et par la raison contraire, ils ne pourraient en racheter une masse, même beaucoup moindre, en pays étrangers, qu'à des prix très élevés. Cette double opération serait donc un double désastre.

D'ailleurs, si l'on réduisait au centième la force progressive ultracentrale, la répulsion par le sommet de l'échelle de progression deviendrait cent fois moindre que l'attraction par sa base. Ainsi, pour un million qui sortirait en masse, il en rentrerait cent en détail.

COROLLAIRES. — *Sur la propagation de l'impôt progressif et la suppression de l'impôt rétrograde.*

Loin donc d'avoir rien à craindre de l'exportation, les pays gouvernés par l'impôt progressif, d'abord modifié convenablement, exerceraient sur les pays soumis à l'impôt rétrograde une attraction tellement puissante, que ceux-ci ne pourraient y échapper qu'en adoptant le même régime et en supprimant l'autre.

L'impôt progressif, une fois établi dans un pays, se propagerait donc par sa propre puissance et ferait supprimer le régime contraire. Or la suppression de l'impôt rétrograde et la propagation de l'impôt progressif produiraient entre autres effets universels, l'abolition réciproque des tarifs de douanes et des prohibitions, l'abaissement des barrières intérieures et internationales, l'affranchissement du travail et de l'industrie, la liberté du commerce et des échanges, l'équilibre des fortunes individuelles, l'égale répartition de richesse entre tous les peuples de la terre, et l'accroissement de la production par l'accroissement de la consommation.

La suppression de l'impôt rétrograde et la propagation de l'impôt progressif produiraient encore universellement la simplification et l'uniformité de législation; la simplification et l'uniformité de législation produiraient elles-mêmes la simplification et l'uniformité de gouvernement, et la simplification et l'uniformité de gouvernement produiraient à leur tour la réunion de tous les peuples en un seul corps social, et par suite, la simplification et l'uniformité de monnaies, de poids, de mesures, de langage, et, en un mot, de toutes les institutions morales nécessaires aux besoins de l'espèce humaine.

Scolie. — *Sur l'universalité du problème social.*

Ce n'est donc point par rapport à la France seulement, ni par rapport à toute autre partie du monde, qu'il faut considérer le progrès social, si l'on veut s'en former une idée exacte, mais par rapport au monde entier. Or, parmi les questions que cet aspect nous offre, en voici quelques-unes que nous soumettons à nos lecteurs, en les priant de les résoudre :

Quelle est la surface de notre globe?

Quelle est la masse de ses richesses?

Quel est le nombre de familles composant sa population considérée comme un seul corps social?

Quelle serait, en cas de substitution universelle de l'impôt progressif à l'impôt rétrograde, la fortune moyenne de chaque famille?

Quel effet produirait l'équilibre universel des fortunes, par rapport aux besoins physiques et moraux du corps social en masse et de chaque famille en particulier?

Que deviendrait notre monde, s'il était gouverné sous le rapport physique, comme il est gouverné sous le rapport moral?

Mais que deviendrait-il, s'il était gouverné sous le rapport moral, comme il est gouverné sous le rapport physique?

Le mal moral sera-t-il éternel?

Quelle en est la cause?

Quel en est le remède?

Qu'est-ce qu'un monde soumis à l'impôt rétrograde?

Qu'est-ce qu'un monde régi par l'impôt progressif?

FIN.

IMPRIMERIE DE BACHELIER,
rue du Jardinet, 12.

www.ingramcontent.com/pod-product-compliance
Ingram Content Group UK Ltd.
Pitfield, Milton Keynes, MK11 3LW, UK
UKHW012123240726
13965UKWH00005B/1931

9 782013 027168